Ч. Г. Сперджен

ДВЕРЬ ЕГО ДОМА ОТКРЫТА

Christliche Literatur-Verbreitung e.V.
Postfach 11 01 35 · 33661 Bielefeld

Издание первое 1991
Издание второе 1992
Издание третье 1992
Издание четвертое 1993
Издание пятое 1993
Издание шестое 2002
Издание седьмое 2011

© русского издания 1991
by CLV · Christliche Literatur-Verbreitung
Postfach 11 01 35 · D-33661 Bielefeld
http://www.clv.de

Перевод с немецкого: Igor Reimer
Оформление обложки: OTTENDESIGN.de, Gummersbach
Набор: C·S·E · Computer-Satzservice Enns, Bielefeld
Печать и переплёт: GGP Media GmbH, Pößneck

ISBN 978-3-89397-179-4

Содержание

Предисловие 7
Пробуждение 8
Только Иисус 13
Верить – это очень просто 18
Робость веры 26
Что может препятствовать нашей вере 31
Надежда на помощь 36
Серьезное препятствие 41
Ненужные вопросы 45
Без веры нет спасения 50
Слово к уверовавшим 54

Предисловие

Миллионы людей живут вдали от Бога. Но многие недалеки от Царства Божия. Они стоят перед дверью веры, единственным входом в вечную жизнь. Можно было бы предположить, что они поторопятся войти: ведь их сердечно приглашают сделать этот шаг, и двери храма Божьего открыты всегда. Но эти люди медлят – по очень многим причинам. Нужна мудрость, выдержка и опыт, чтобы ответить на их наболевшие вопросы. Я хочу попробовать сделать это. Я не утверждаю, что ответил в этой книге (и что вообще могу ответить) на все вопросы. Только Господь может дать людям, к которым я обращаюсь, возможность сделать этот великий, решающий шаг. Но Господь использует для воздействия на людей различные средства, и я написал эту маленькую книжечку в надежде, что Он использует ее как средство для приведения спрашивающих и ищущих Истины к простому решению всех их проблем: вере и доверию Ему.

Пойдем! Зайди в эту дверь! Это моя настоятельная просьба. Да проявит Дух Святой Свою силу во многих читателях этой книги! О, если бы все услышали Его великий призыв, рождающий в наших сердцах веру!

Пробуждение

Многие люди вообще не заботятся о вечных делах. Они уделяют больше внимания своим кошкам или собакам, чем собственной душе. И если мы вдруг начинаем думать о себе и обнаруживаем, как мы на самом деле относимся к Богу и Вечности, то это – проявление великой милости Божьей. Очень часто это признак грядущей благодати. По своей природе мы не склонны страшиться мрачного будущего нашей души и поэтому при любой возможности стараемся сонно отмахнуться от этой надоедливой проблемы. Какое безумие! Мы подвергаемся огромной опасности: ведь смерть так близка, и суд Божий так неотвратим! Если Господь избрал нас для вечной жизни, Он не позволяет нам вернуться в прежнее сонно-равнодушное состояние!

Если мы честны перед самим собой, мы молимся о том, чтобы Господь дал нам страх за будущее наших душ – страх оказаться вне дверей Вечности – до тех пор, пока не окончится наш земной путь. Было бы ужасно сонным забрести в ад и оглядеться вокруг лишь тогда, когда Небо будет отделено от ада непреодолимой пропастью. И если мы духовно пробудились, чтобы избежать будущего гнева, то как страшно было бы отмахнуться от предупреждений и вернуться к былому равнодушию!

Я часто замечаю, что того, кто игнорирует укоры собственной совести и продолжает грешить, в следующий раз уже сложно заставить задуматься о себе. Каждое пробуждение, так и не принесшее плода, заставляет душу заснуть еще крепче, чем раньше; поэтому с каждым отклонением призыва к покаянию в душе все больше слабеет интерес к духовным вопросам. Потому нас должна страшить мысль о возможности избавиться от растущего в душе беспокойства каким-либо ложным способом. Если кто-нибудь вдруг начнет лечить свою болезнь болеутоляющими таблетками, может оказаться, что боли действительно исчезнут, но, вместо избавления, наступит смерть. Это ужасная участь – защититься от страха ложной надеждой; лекарство было бы в этом случае опаснее самой болезни. Лучше иметь совесть, долгие годы уязвляемую страхом перед будущим, чем лишиться чувствительности души и погибнуть из-за черствости своего сердца!

В любом случае пробуждение от духовного сна – не самоцель. Если я вдруг проснусь ночью и увижу, что мой дом объят пламенем, я не сяду на кровати и не скажу себе самому: „Я уверен, что действительно проснулся. Да, я очень рад, что не проспал все это время". Нет, я попытаюсь избежать грозящей опасности, я побегу к двери или к окну, чтобы выскочить из дома и не сгореть в нем.

Сомнительный выигрыш – проснуться и не попытаться избежать опасности. Вовремя проснуться еще не означает спасения! Человек может знать, что он погибший грешник, и все же никогда не обрести спасения. Он может глубоко задумываться о своей судьбе и тем не менее погибнуть в грехах. Если ты обнаружишь, что обанкротился, то тебя не спасет подсчет долгов. Человек может целый год изучать свою болезнь, но он не излечится оттого, что терпит боль и знает количество и особенности своих ран. В этом и состоит искусный трюк дьявола: человек видит свои грехи и довольствуется ощущением виновности. Это ловкий отвлекающий маневр того же обманщика: убедить грешника, что он лишь тогда может доверять Иисусу, когда сможет добавить от себя что-либо к уже совершенному Господом освобождению.

Наше пробуждение ничего не может добавить к делу Христову, оно только может помочь нам прийти ко Спасителю. Сколько заблуждений возникает от попыток внушить себе, что мучительное осознание своей вины может облегчить ее! Это равносильно тому, что я сказал бы, что вода не сможет очистить мое лицо, если я не буду продолжать смотреть в зеркало, считая пятна грязи на щеках. Ощущение потребности в освобождении от грехов очень полезно, но надо достаточно мудро поступить с этим ощущением и не сделать из него идола с целью самооправдания.

Многие люди, кажется, прямо-таки влюблены в свои сомнения, нужды и опасения. Их поистине невозможно отвлечь от этих мыслей. Говорят, когда горит конюшня, очень сложно вывести лошадей из стойл. Если бы лошади следовали приказу своего хозяина, они могли бы спастись, но они, кажется, парализованы страхом перед огнем. Так страх перед огнем мешает им избежать этого огня. Неужели мы также позволим страху перед будущим наказанием избежать его?

Один человек, долгие годы проведший в тюрьме, был не в силах ее покинуть. Двери были открыты, но он со слезами просил разрешения остаться на том месте, к которому уже успел привыкнуть. Он полюбил тюрьму! Променять свободу на железные засовы и похлебку! Вполне возможно, что за долгие годы заключения у этого человека помутился рассудок. Но ты, ты хочешь бодрствовать и оставаться в том же состоянии, в каком и был, вместо того, чтобы получить прощение? Если ты хочешь в страхе и ужасе ожидать пришествия Христа, с тобой что-то неладно. Если ты можешь обрести мир, не ищи же окольных путей! Зачем оставаться в темной берлоге, увязая ногами в нечистотах? Если есть свет, чудесный, небесный свет, зачем прозябать во тьме и умирать в страхе? Ты не знаешь, как близко твое спасение. Если бы ты знал о спасении, ты, конечно же, принял бы его – ведь оно же рядом, только протяни руку. Тебе нужно лишь принять его.

Только не вздумай убеждать себя в том, что сомнения подготавливают тебя к принятию милости Божьей! Когда Пилигрим из книги Джона Буньяна на пути к Тесным Вратам чуть не увяз в трясине Топи Уныния, разве вонючая грязь, прилипшая к его одежде, послужила ему рекомендацией, благодаря которой он получил право входа в конце своего тяжелого пути? Нет. Пилигрим так не считал, и ты не должен так думать. Тебя спасет не то, что ты чувствовал, а то, что сделал для тебя *Иисус*.

Допустим, один из друзей добрался по железной дороге, в конной повозке или автобусом в кишащий людьми Лондон, чтобы навестить нас. Вдруг во время радостного приветствия он бледнеет. На вопрос, что случилось, он отвечает: „Я потерял свою сумку, и в ней все мои деньги". Он называет нам сумму с точностью до шиллинга, описывает вид чеков, банкнот и монет. Тогда мы говорим, что для него должно быть большим утешением то, что он так точно знает размер нанесенного ущерба. До него не доходит смысл сказанного. Мы еще раз поясняем ему: он должен быть благодарен, что так ясно ощущает свою потерю. Многие люди теряют сумки и кошельки, даже не помня точно их содержимого. Но настроение нашего друга от этого не улучшается. „Нет,– говорит он,– то, что я точно знаю величину потерянной суммы, не помогает мне получить ее обратно. Скажи, как мне найти мое богатство – тогда ты действительно сделаешь для меня доброе дело. Но одно лишь сознание утраты меня ничуть не утешает!"

Точно так же совершенно правильно верить, что ты согрешил и тебе предстоит Божий суд. Но это знание тебя не спасет. Спасение приходит не оттого, что мы сознаем свою обреченность, а благодаря тому, что в деле своего освобождения мы полностью полагаемся на Иисуса Христа. Тот, кто не желает взглянуть на Иисуса Христа, упорно изучая свои грехи, похож на мальчишку, уронившего на улице монету в водосточный люк и затем часами стоявшего на том месте, утешая себя: „Она укатилась именно сюда... Да, именно между этими двумя металлическими прутьями она провалилась...“ Бедняга. Он долго вспоминал детали этого происшествия. Но монета не выкатится из канала обратно, и он так и останется без булочки, которую собирался купить. Научимся же поступать умнее, чем этот малыш!

Только Иисус

Никогда не поздно и не излишне говорить о том, что наша единственная надежда на спасение заключается в Иисусе Христе. Иисус может спасти нас от вины и власти греха. Его имя – Иисус, *„ибо Он спасет людей Своих от грехов их". „Сын Человеческий имеет власть на земле прощать грехи"*. Он возвышен, чтобы давать *„покаяние и прощение грехов"*. Богу было угодно усмотреть план спасения человечества, который был целиком и полностью исполнен Его единородным Сыном. Ради нашей святости Иисус принял человеческий облик, Он был *„послушным даже до смерти, и смерти крестной"*. Если бы был возможен другой путь спасения, Бог не послал бы Своего Сына ради нас на смерть. Бесконечная милость принесла эту великую жертву, неизмеримая любовь подчинилась смерти ради нас. Как мы можем думать, что существует другой путь спасения, кроме того, который Бог проложил нам такой дорогой ценой и который так просто и убедительно описан в Священном Писании? *„Нет ни в ком ином спасения; ибо нет другого имени под небом, данного человекам, которым надлежало бы нам спастись"*. Вне сомнений, это истина.

Допустить, Иисус совершил дело спасения человечества не полностью, и с нашей стороны требуются еще некоторые дела или чувства, – глупость. Что мы можем добавить к Его крови и Его праведности? *„Праведность наша – как запачканная одежда"*. Даже если мы обладали бы какой-то степенью праведности, которой могли бы гордиться, даже если бы наши „фиговые листки" были достаточно велики, чтобы скрыть духовную наготу, было бы гораздо мудрее отбросить их и принять ту праведность, которая гораздо угоднее Богу, чем наша собственная. Я, автор этих строк, хочу этими словами открыто признать, что и во мне нет абсолютно ничего доброго. Из своей праведности я даже не могу выкроить чистый лоскут, не говоря уже об одежде. Я совершенно нищ и наг. Но если у меня и было бы прекраснейшее платье, сотканное из добрых дел, предел того, что может вообразить моя гордость, то я без колебаний разорвал бы его и не одевал бы ничего другого, кроме *„одежды праведности"*, которой по Своей великой милости бесплатно наделил меня Христос.

Мы в наибольшей степени прославляем нашего Господа Иисуса тем, что связываем свои представления о всем добром лишь с Его именем. Этим мы воздаем Господу ту славу, которой Он достоин. Он - Бог, и нет бога, кроме Триединого, поэтому нам не остается ничего лучшего, как просто взглянуть на Него, чтобы спастись. Христос ожидает, чтобы мы пришли к нему, потому что Он приглашает всех утруждающихся и обремененных получить у Него покой.

Ребенок, оказавшийся в горящем доме, прижимается к пожарнику, выносящему его из пламени, доверяет ему лишь одному. Он не спрашивает своего спасителя, силен ли он или действительно он хочет его спасти. Ребенок без рассуждений доверчиво держится за него. Жара ужасна, от дыма першит в горле, но пожарник быстро выносит ребенка в безопасное место. Ухватись с той же детской доверчивостью за руку Иисуса, который один лишь может и хочет вынести тебя из пламени греха!

Сама личность Господа Иисуса Христа должна порождать в нас полное доверие к Нему. Он может спасти, ибо Он – Бог, в Нем – все источники благодати, потому что Он принял образ человека, в Нем сочетается человеческая природа и божественная святость.

Лестница веры достаточно длинна, чтобы связать спящего на земле Иакова с царствующим на небесах Богом. Попытаться построить другую лестницу – значит, сомневаться в Его способности преодолеть расстояние между небом и землей. Подумайте о том, что Он, Он Сам есть путь жизни. У кого хватило бы дерзости утверждать, что мы можем что-то добавить к пути, проложенному Богом? С таким же успехом можно заявить, что мы можем что-то добавить к святости и праведности Бога. Эти представления по самой своей сущности – гнуснейшая хула на Господа Любви!

Прийти к Иисусу с букетом собственных заслуг – невероятная гордость, даже если бы мы действительно могли чем-то в себе гордиться. Что Ему нужно от нас? Можем ли мы принести Иисусу что-то такое, в чем бы Он нуждался? Продал бы Он бесценное благословение Своего искупления за наши заслуги? Выторгуем ли мы у Иисуса за наши слезы и обещания, за соблюдение традиций, за чувства и дела то, что Он совершил ценой Своей крови? Иисус не нуждается в нашей плате за прощение, Он хочет дарить это прощение с царственной щедростью и любовью, и тот, кто хочет купить это бесценное сокровище, просто не понимает того, о чем говорит. Грешники, приходящие с протянутой рукой, могут получить все, что желают, – все, что им необходимо, заключено в Иисусе, и Он дает всем просящим у Него. Но мы должны верить, что Он – *„все во всем"*, и не пытаться дополнить совершенное Им или заслужить то, что Он дарит нам как недостойным грешникам.

Основание нашей веры в прощение грехов и вечную жизнь через веру в Иисуса Христа – это откровение воли Божьей. В Евангелии Бог засвидетельствовал нам Свое намерение спасти всех верующих в Иисуса

Христа, и Бог никогда не отступит от Своего обетования. Он имеет такое благоволение в Своем единородном Сыне, что благоволит и ко всем, полагающимся на Иисуса как на единственную опору в мире греха. Великий Бог Сам принимает тех, кто полагается на Его Сына, Он благословляет всех ожидающих благословений от некогда распятого Спасителя. Ради прославления имени Своего Сына Бог не оставляет в поругании надеющихся на Иисуса. *"Верующий в Сына имеет жизнь вечную"*, потому что вечный Бог принял его и дал ему долю в Своей вечной жизни. Если вся твоя надежда – в Иисусе, тебе нечего страшиться, что ты не спасешься: ты уже спасен и еще раз переживешь это чудо в день пришествия Христа.

Человек, доверивший свою жизнь Христу, имеет постоянный контакт с Богом, и через эту связь ты получаешь обильные благословения. Вера спасает нас, потому что она связывает нас с Иисусом Христом, а Христос, будучи един с Богом, делает нас детьми Божьими.

Однажды в верхнем течении Ниагары опрокинулась лодка, и поток понес сидевших в ней двух мужчин к водопаду. Люди на берегу успели бросить им канат, и оба утопающих схватились за него. Один крепко держался за канат и был в конце концов вытащен на берег, другой же увидел проплывавшее рядом огромное бревно, показавшееся с виду более надежным средством спасения, и, себе на беду, ухватился за него. Бревно с сидящим на нем мужчиной соскользнуло с вершины водопада прямо в бурлящий водоворот, помочь ему уже было невозможно. Величина бревна не помогла этому несчастному преодолеть водопад, для спасения ему нужно было любым способом выбраться на берег. Так и человек, надеющийся на свои дела, молитвы, пожертвования или исполнение церковных обрядов, не спасется, потому что у него отсутствует главное – связь с Богом через Иисуса Христа. Хотя вера часто кажется лишь тонкой бечевкой, но конец ее – в руках великого Бога. Его бесконечное могущество вытянет тебя на берег и спасет от погибели.

Верить – это очень просто!

Многим кажется, что вера – это нечто очень сложное. В действительности же верить тяжело только потому, что... верить слишком легко! Сирийский военачальник Нееман считал купание в Иордане ниже своего достоинства. Для него это был слишком простой способ исцеления. Но если бы пророк предложил ему совершить что-то великое или выполнить какие-нибудь сложные условия, Нееман согласился бы без раздумий. Многие люди полагают, что прощение грехов должно быть результатом какой-либо в высшей степени таинственной процедуры или сложного процесса в душе, но Божьи мысли – не наши мысли, и наши пути – не Его пути. Чтобы спасти и слабейших, и неопытнейших, Он сделал путь к спасению простым, как азбука. Но именно потому, что каждый ожидает, что должен для получения прощения совершить что-то необычайное, многие так удивляются, увидев, как необычайно проста вера.

Наша проблема заключается в следующем: мы не верим, что Бог поступает с нами именно так, как открывает нам Библия; мы поступаем так, как будто Слово Божие не во всех случаях говорит нам истину.

Один учитель воскресной школы пытался объяснить ученикам, что же такое вера. После многих безуспешных попыток он вынул из кармана часы и сказал, обращаясь к одному из них: „Вилли, я хочу подарить тебе эти часы. Нравятся? Возьми!" Малыш вежливо, с пониманием отказался: „Спасибо!" Учитель попробовал обратиться еще к нескольким ученикам – тот же результат. Наконец, один из самых маленьких, по-видимому, еще не так хорошо освоивший правила вежливости, как его одноклассники, но гораздо более доверчивый, с детской непосредственностью сказал: „Большое спасибо, я их возьму!" И часы оказались у него в кармане. Тут вдруг весь класс испуганно обнаружил, что этот малыш получил часы, которые все из вежливости отказывались взять. Один из мальчишек тотчас спросил учителя: „А что, Вы действительно не заберете у него часы?" „Конечно, нет,– ответил учитель.– Я предложил ему часы, и он не отказался от этого подарка. Я же не могу предложить подарок и затем взять его обратно. Это было бы нечестно. Я предлагал эти часы всем вам, но никто не захотел их взять". – „Если бы я знал, что Вы не шутите, я бы тоже взял часы",– сказал задавший вопрос ученик. Он считал все происходящее шуткой, не более. И остальные ученики очень жалели, что упустили часы. „Я не знал, что Вы предлагали часы всерьез, *я думал...*" Никто не взял подарка, но все *думали*. Все строили предположения, кроме малыша, который просто поверил сказанному и получил за это часы. Я всегда желал: если бы я мог всегда быть таким доверчивым, как этот ребенок, и просто верить тому, что говорит Господь. Я хочу принимать то, что Он мне хочет подарить, быть довольным тем, что имею, чтобы Господу не пришлось уговаривать меня, как этих недоверчивых учеников. Не может быть грехом принимать то, что Господь завещал мне в Евангелии. Мы же привыкли в любой ситуации раздумывать и сомневаться.

Если ищущий спасения человек буквально понимает и принимает сказанное в Библии и видит, что Христос пришел, чтобы спасти всех надеющихся на Него, все его проблемы понимания спасения тают, как роса под лучами утреннего солнца.

Однажды меня посетили две сестры. Они лишь короткое время слышали мои проповеди Евангелия, но те произвели на обеих глубокое впечатление. Они сожалели, что вынуждены так скоро покинуть эту местность, и хотели поблагодарить меня за то, что им здесь довелось услышать. Конечно, я очень обрадовался услышанному, но очень хотел, чтобы больше изменилось в их душах, и поэтому задал вопрос: „Вы действительно верите в Господа Иисуса Христа? Вы спасены?"

„Я пробовала верить", – возразила одна из сестер.

Я часто слышал это утверждение, но никогда и ни перед кем не перестану оспаривать его.

Поэтому я ответил: „Нет, так дело не пойдет. Вы когда-нибудь говорили своему отцу, что пытаетесь ему верить?"

После того, как мы потратили некоторое время на обсуждение этой темы, сестра согласилась, что такое утверждение обидело бы ее отца. Я преподнес им Евангелие в самой простой и доступной форме, на которую только был способен, и попросил сестер верить Иисусу, заслуживающему большего доверия, чем их отец. Одна из моих собеседниц заметила: „Я не могу поверить, что я спасена". На это я возразил: „Бог говорит о Своем Сыне, что каждый верующий в Него спасется. Теперь скажите: хотите вы поверить Слову Божию или же объявите Бога лжецом?"

Я еще не закончил свою мысль, как одна из сестер вскочила со стула, ошарашив нас радостным восклицанием: „О, теперь я понимаю, я спасена! Благодарите Иисуса за меня, Он показал мне путь! Теперь я все понимаю!"

Женщина, приведшая ко мне этих двух девушек, преклонила с ними колени, и мы вместе от всего сердца воздали Господу хвалу за эту душу, озаренную Его светом. Вторая девушка так и не смогла принять в сердце Евангелие, как это сделала ее сестра.

Проблема заключается в следующем: истина всегда проста и очевидна, но многие люди ищут одних лишь „знамений и чудес" и поэтому не видят того, что лежит так близко от них. Все люди имеют привычку искать очки, в то время как те находятся прямо перед их глазами – на носу; точно так же мы часто не видим того, что лежит прямо перед нами. Иисус Христос стоит перед каждым из нас, нужно лишь взглянуть на Него, чтобы жить, но мы на все лады искажаем этот факт и строим лабиринты из того, что на самом деле является ровным, прямым путем.

Как-то воскресным утром после богослужения ко мне подошла одна высокопоставленная дама, чтобы пожать мне руку, „потому что,– сказала она,– сегодня нам с Вами исполняется по пятьдесят лет. В этом пункте мы с Вами одинаковы, что же касается остального, тут я Вам прямая противоположность."

Я заметил: „Тогда Вы, наверное, идеальная женщина, потому что я во многих отношениях хочу быть совсем не таким, каков я на самом деле".

„Нет, нет,– ответила она,– со мной дело обстоит совсем не так, как должно было быть".

„Вы верите в Господа Иисуса?" – был мой следующий вопрос.

„Ах,– взволнованно ответила она,– я... я хочу попробовать верить."

Я взял ее за руку и сказал: „Вы же не хотите сказать

мне, что попытаетесь верить Господу Иисусу? Этого бы я не вынес. Это же чистой воды неверие. Что такого сделал Вам Иисус, что Вы так говорите о Нем? Сказали бы Вы *мне*, что хотели сделать попытку *мне* поверить? Конечно же, Вы не высказались бы обо мне так оскорбительно! Если Вы считаете меня честным человеком и верите мне без сомнения, как же Вы осмеливаетесь по-другому относиться к Господу Иисусу?"

Тут дама со слезами воскликнула: „Молитесь за меня!"

На это я возразил: „У меня нет уверенности, что я могу сослужить Вам эту службу. Что я могу просить у Господа Иисуса для того, кто не доверяет Ему? Я не знаю, о чем я должен буду молиться. Если Вы хотите верить Ему, Вы спасетесь; если же не хотите, я не могу просить Господа сотворить новый путь на Небо для удовлетворения Вашего неверия!"

На это она вновь повторила: „Я хочу попытаться верить". Но я строго ответил, что меня не удовлетворят ее попытки уверовать, потому что в Евангелии Господа Иисуса Христа ничего не говорится о „попытках", наоборот: *„Веруй в Господа Иисуса Христа, и спасешься!"*

Я настоятельно убеждал ее: *„Верующий в Сына имеет жизнь вечную"*. И ужасное противопоставление: *„А не верующий уже осужден, потому что не уверовал во имя единородного Сына Божия"*. Я призывал ее к абсолютной вере в распятого и вознесшегося на Небо Господа, и Святой Дух дал ей силу поверить слышимому. Она задумчиво сказала: „Я всю жизнь ориентировалась по своим чувствам, и это было моей ошибкой!" Она обрела мир в душе через веру, потому что не существует иного пути.

Богу было угодно сделать наши жизненные потребности очень просто удовлетворимыми. Мы должны есть, и даже слепой не пронесет ложки мимо рта. Мы должны пить, и даже самый маленький ребенок может делать это без подсказки. В саду нашего детского приюта находится насос, качающий воду, и в жару мальчишки без принуждения собираются вокруг него. Ни один класс мы не учили качать воду. Многие бедные дети попадали в наш приют, но ни один из них не был настолько бестолков, что не умел накачать себе холодной воды.

А вера в духовном отношении то же самое, что и еда и питье для нашего тела. Через „рот" веры наша духовная природа получает благословения благодати, и они становятся нашей собственностью. Если Вы *хотите* верить, но думаете, что *не можете* этого: разве Вы не видите, что не для проглатывания пищи нужна сила, а, наоборот, через пищу мы получаем силы? Так и Иисуса мы можем принять в свое сердце безо всяких усилий и, имея Его в сердце, получить силы для преодоления всех препятствий, могущих встретиться нам на пути.

Верить – настолько простое дело, что я каждый раз, пытаясь это объяснить, боюсь слишком все усложнить. Когда Томас Скотт выпустил свои комментарии к „Путешествию пилигрима", он спросил одну сестру из нашей общины, поняла ли она его книгу. „О, да,– ответила она,– Буньяна я понимаю отлично и теперь верю, что когда-нибудь с Божьей помощью пойму и комментарий к его книге!" Не пришлось бы мне попасть в такую ситуацию – сбить своим объяснением с толку читателя, давно знающего, что такое вера! И тем не менее я решаюсь на эту попытку и прошу Господа помочь Вам понять сказанное.

Мне рассказывали историю о споре относительно права использования одной частной дороги: с одной стороны, хозяин хотел защитить свои права собственника, с другой – дать прохожим возможность пользоваться этим путем. Для этого он изобрел метод, приведший к такому инциденту: путешественник, увидев стоящую у ворот поместья маленькую девочку, подошел и протянул ей шиллинг, чтобы она разрешила ему пройти этой дорогой. „Нет, нет,– ответил ребенок,– я не должна ничего брать у Вас, но Вы должны мне сказать: „Пожалуйста, разреши мне пройти этой дорогой!" Разрешения нужно было просить, то есть от прохожего не требовали ничего, кроме просьбы. Точно так же мы получаем вечную жизнь даром, да, мы должны получать ее бесплатно, если мы доверяем словам Того, Кто не может лгать. Доверяй Иисусу, и по этой вере ты получишь спасение и вечную жизнь. Не философствуй напрасно, не ломай себе голову. Верь Иисусу так, как ты бы поверил своему отцу!

Вера вскоре перестанет казаться тебе чем-то тяжелым. Она и не может такой казаться, ведь верить очень просто.

Вера означает доверие, полное доверие личности, свершенному делу, любви и величию Сына Божьего. Многие думают, что доверять очень тяжело; но в действительности это самое простое из всего, что только может существовать. Для некоторых из нас истины, раньше трудно воспринимавшиеся верой, стали фактами, оспорить которые труднее, чем поверить в них. Если бы один из наших праотцов воскрес и явился в сегодняшний мир, сколько доверия от него бы потребовалось! Рано утром он сказал бы: „Где кремень и фитиль? Я хочу зажечь свет!" А мы протянули бы ему коробочку с маленькими кусочками дерева, добавив при этом, что этими предметами он может разжечь огонь. Затем мы бы сказали ему: „Пока не погасла спичка, открой этот вентиль и зажги газ!" Он не понимает нас, он никак не возьмет в толк, откуда должен появиться огонь. „Пойдем с нами, дедушка! Сядь на этот стул! Посмотри на ящик впереди тебя, сейчас ты получишь свой портрет!" – „Нет, дитя,– ответил бы он,– это же смешно. Солнце должно нарисовать мой портрет? Я не могу этому поверить!" – „Да, это правда, а еще ты можешь проехать восемь миль за час без лошади". Он не хочет этому верить до тех пор, пока мы не приводим его на железнодорожный вокзал. – „Вы можете поговорить со своим сыном в Нью-Йорке, и он будет отвечать вам". Разве не привели бы эти слова нашего предка в восхищение? Разве не пришлось бы ему призвать на помощь всю свою веру, чтобы согласиться со сказанным? Вера кажется вам сложной, потому что вам незнаком предмет веры. Если же мы начали новую жизнь и знакомы с духовными истинами, эта проблема исчезает. Мы имеем Отца: мы говорим с Ним, и Он слышит нас; мы имеем Спасителя, знающего наши желания и поддерживающего нас в борьбе против греха. Для того, кто это понимает, нет проблем. О, если бы это стало так понятно и тебе!

Робость веры

Поразительно, но факт: многие боятся верить. Это качество выглядит почти как смирение и часто пытается выдать себя за скромность, и тем не менее это не что иное, как гордость. Фактически это замаскированная самоуверенность. Если бы люди боялись *не верить*, этот страх был бы совершенно оправдан, но боязнь доверять Богу – в лучшем случае безумие, в действительности же – обманный путь, попытка лишить Господа славы, которую Он заслужил Своей верностью и праведностью.

Как напрасно наше рвение, если мы отдаем его на поиск причин, по которым вера может нас не спасти. Слово Божие говорит нам, что *всякий верующий в Иисуса* не погибнет, но мы ищем доказательства тому, что мы все равно погибнем, даже если будем верить. Если бы кто-то захотел вдруг подарить мне поместье в Англии, я, конечно же, не начал бы разговор с тем человеком с обсуждения законности такого подарка. Что толку изобретать причины, по которым я не могу радоваться обладанию своим домом или другой собственностью? Если Богу угодно спасти меня благодаря миссии Своего Сына, я могу быть полностью уверен в своем спасении. Если я верю Слову Божию, то ответственность за исполнение Божьей заповеди лежит не на мне, а на Боге, давшем мне это обетование.

Но ты боишься, что не входишь в число тех, кому дано это обетование. Пусть тебя не пугает эта безумная мысль! Никто не может прийти к Иисусу, если его не привлечет к Себе Небесный Отец; Иисус сказал: *"Приходящего ко Мне не изгоню вон"*. Нет человека, не по праву пришедшего ко Христу. Кто имеет Христа, тот имеет Его по божественному праву, потому что Господь добровольно отдал Свою жизнь *за нас* и *для нас*, так что всякий принимающий Его принимает Его по данному из милости праву. Если ты, подобно женщине из библейской истории, коснешься края одежды Христа тихонько, сзади, не имея на то разрешения, то все равно от Него изойдет сила, точно так же, как если бы Иисус окликнул тебя по имени и повелел следовать за Ним. Позабудь страх, если ты доверяешь Иисусу! Прими Его – дело лишь за тобой. Кто верует в Иисуса, тот принадлежит к избранным Божьим.

Ты думаешь, что было бы ужасно доверять Иисусу и тем не менее погибнуть? Да, это было бы ужасно. Но если ты так или иначе погибнешь при отсутствии веры, то даже в худшем случае твой риск невелик.

Допустим, ты навсегда завяз в болоте сомнений. Что толку с того? Лучше уж умереть на царской дороге с твердым намерением достичь Неба, чем медленно утопать в грязи и нечистотах темных, обманчивых мыслей. Тебе нечего терять, ты уже потерял все, поэтому решись наконец поверить, что Бог окажет тебе милосердие.

Другой спрашивает сам себя: „Что, если я приду ко Христу и Он не примет меня?" Мой ответ таков: „Попробуй!" Положись на Господа Иисуса Христа и посмотри, откажется ли Он от тебя! Ты был бы первым, перед которым Христос закрыл дверь благодати. „Грешных всех Христос зовет". И Он еще *ни разу* не прошел мимо молящего о помощи.

Как-то поздно вечером один мужчина заблудился в тумане и пришел, как он предполагал, к краю пропасти. Ему угрожала, как ему казалось, опасность упасть с высокого утеса. Поэтому он изо всех сил держался за слабую опору. Он был убежден, что, разожми он свои руки, обязательно свалился бы вниз и разбился о камни. Так он висел, уцепившись, в холодном поту и болью во всех суставах. Его лихорадило, он чувствовал, что силы покидают его. В конце концов ладони его разжались, и он соскользнул со своей опоры. Он падал несколько десятков сантиметров, мягкая подушка мха приняла его обессилевшее тело. Там он без переломов совершенно спокойно отлежался до утра.

Так, бродя во тьме незнания, многие предполагают, что обречены на погибель, если они исповедуют свои грехи, перестанут надеяться на самих себя и предадутся в руки Бога. Они страшатся потерять свою слабую надежду, к которой так привыкли. Это совершенно необоснованный страх. Отбрось все, кроме Иисуса, и упади! Отбрось надежду на свои добрые дела, свои молитвы и чувства! Откажись от всего этого! Ты упадешь в объятия Иисуса так же мягко, как упал на мховую подушку мужчина из нашей истории. Он даст тебе покой и мир в Своей любви, в силе Своей крови, в Своей совершенной праведности. Расстанься с надеждой на свои собственные силы, упади в руки Иисуса! Это – существенная часть веры: мы отказываемся от всех других опор и просто падаем в объятия Иисуса. При этом не может быть места страху: только незнание заставляет нас страшиться того, что должно стать нашим путем в Вечность. Смерть надежды на свои силы есть рождение веры, и жизнь веры есть вечная жизнь. Пусть умрет твое „я", чтобы Христос мог жить в тебе!

Но самое тяжелое – мы не можем заставить других людей совершить этот акт веры в Иисуса. Отказаться от своего „я"? Для них это почти невозможно. Они готовы испробовать все средства спасения, кроме этого. Им чуждо доверие, они страшатся веры как чего-то ужасного. Кто же внушил вам этот страх? Вы страшитесь того, что было бы концом всех страхов и началом вашей радости! Почему вы хотите погибнуть, упорно ища свои пути в обход Божьего плана спасения?

Есть много людей, говорящих: „От нас требуют веры в Иисуса, мы же вместо этого хотим постоянно пользоваться дарами благодати". Посещайте богослужения в любом случае, но только не для замены веры, иначе ваша надежда бесплодна! Заповедь гласит: *„Веруй и живи!"* Держитесь ее! Другие говорят: „Я хочу читать хорошие книги. Может быть, это поможет мне". Читайте хорошие книги, и чем больше, тем лучше, но это еще не Евангелие! *„Веруй в Господа Иисуса Христа, и спасешься"*.

Допустим, врач при осмотре больного сказал ему: „Завтра Вы должны принять ванну, это будет Вам полезно". Больной же, вместо принятия ванной, выпивает утром чашку чая, говоря: „Без сомнения, это будет так же полезно". Что скажет на это врач? – „Если Вы не следуете моим указаниям, Вы, конечно же, не можете рассчитывать, что мои визиты принесут Вам пользу!"

Не слишком ли часто мы поступаем подобным образом по отношению к Иисусу? „Господь, Ты требуешь от меня доверия, но я лучше сделаю что-либо другое. Господь, я хочу иметь ужасное чувство виновности перед Тобою, я хочу жить в страхе и сомнении". Да, вы хотите всего, кроме того, что предписывает вам Иисус: что вам следует *просто довериться Ему*. Независимо от ваших чувств положитесь на одного лишь Иисуса, и Он спасет вас, лишь Он один.

„Но Вы же не утверждаете, что являетесь противником молитвы, чтения хороших книг и тому подобного?" Ни в коем случае! Нет, я не скажу ни одного слова против – так же, как, будучи на месте вышеупомянутого врача, никогда не сказал бы плохого слова о чашке хорошего чая. Пейте чай на здоровье – если только вы не пьете его вместо предписанного вам купания. Будем молиться, и чем больше, тем лучше! Будем читать Библию! Но не будем забывать, что, если мы поставим эти дела на место обычной веры в Иисуса, мы погибли! Смотрите, чтобы о многих из вас Господь не сказал: *„Исследуйте Писания, ибо вы думаете чрез них иметь жизнь вечную... Но вы не хотите придти ко Мне, чтобы иметь жизнь"*.

Вы видели когда-нибудь, как высоко в горах ели цепляются своими корнями за неровности скал, казалось, лишенных почвы? Корешки деревьев втискиваются и в самую крохотную трещину, появившуюся в скале, прочнейшим силком охватывают они голые обветренные камни, сотнями якорей держатся за землю. Мы часто видели деревья, растущие на голых обломках скал, охватив их своими корнями.

Следуй их примеру! Ухватись за скалу спасения! Держись за нее слабыми еще корешками веры! Дай расти этим крохотным щупальцам, выпусти новые, чтобы навсегда прилепиться к этой скале! Ухватись за Иисуса и не отпускай Его! Охвати Его корнями твоей веры! Ты, как та ель, имеешь возможность укорениться на скале спасения. Держись же за нее так же крепко, как и ель на крутом склоне горы!

Что может препятствовать нашей вере

Может оказаться, что читатель этой книги считает веру слишком сложным делом. Но он ни в коем случае не должен продолжать думать над этой проблемой! Мы не можем обрести веру в результате какого-либо конкретного поступка! Состояние души, которое мы называем верой, является следствием развития предыдущих душевных процессов. Мы лишь постепенно приходим к вере. Может существовать и „вера с первого взгляда", но обычно мы приходим к ней шаг за шагом. Поначалу мы чувствуем интерес, мы обдумываем, выслушиваем доказательства, мы убеждаемся, постепенно переходя от предположения к вере. Что же мне делать, если я хочу верить, но по той или иной причине считаю веру для себя невозможной? Должен ли я оставаться стоять на одном месте как баран, узревший новые ворота, или же мне следует как разумному существу предпринять соответствующие шаги? Что мне делать, если я желаю чему-либо поверить? На этот вопрос я хочу ответить с точки зрения нормального человеческого разума.

Если бы кто-нибудь рассказал мне, что султан острова Занзибар вовсе не такой уж и плохой человек, и эта информация по каким-либо причинам была бы для меня важна, то, думаю, мне было бы нетрудно поверить услышанному. Но если бы я по определенным причинам сомневался в этом и тем не менее желал бы поверить слышанному, что мне следовало бы для этого предпринять? Разве я не бросился бы собирать всю доступную мне информацию о султане и не попытался бы узнать истину через чтение газет и из других источников? Еще лучше, если бы султан вдруг посетил нашу страну и захотел увидеть меня. Тогда я поговорил бы с его придворными и подданными и, в конце концов, проанализировав все собранные сведения, имел бы обоснованное мнение по данному вопросу.

Что вера в Иисуса есть дар Божий – истина, но Господь обычно наделяет нас этой верой в дополнение законов разума, и поэтому нам сказано, что *„вера от слышания, а слышание от слова Божия"*. Если ты хочешь верить в Иисуса, слушай и читай, что говорится о Нём; думай о Нём, говори с Ним, и тогда ты убедишься, что вера проклёвывается в твоей душе как зёрнышко пшеницы, прорастающее под воздействием тепла и света. Если я должен довериться в вопросах своего здоровья какому-либо врачу, я прежде наведу справки о его успехах, посмотрю его диплом и потом спрошу, что он может сказать про ту или иную сложную болезнь.

Постарайся *больше слышать* об Иисусе! Люди сотнями приходят к Иисусу, когда им часто и ясно свидетельствуют о Нём. Мало кто остаётся равнодушным, когда проповедь посвящена великой теме – распятому Спасителю. Не слушай проповедников, говорящих иное! Таких много. Я слышал об одном таком проповеднике, который однажды обнаружил в лежащей на кафедре Библии записку со словами: „Сэр, мы хотим увидеть *Иисуса*!" Иди на богослужение, чтобы увидеть Иисуса, и если вы не услышите там Его имени, иди в другую церковь, где можно скорее ожидать вести о Христе и, следовательно, и Его присутствия среди собравшихся!

Больше *читай* о Господе Иисусе! Библия – это окно, через которое мы можем увидеть нашего Господа. Почитай историю Его жизни и страданий внимательно, обдумывая, и пройдёт немного времени, как Иисус таинственным образом зажжёт огонёк веры и в твоём сердце! Если чтения и слышания недостаточно, попытайся решить проблему путем ее постоянного обдумывания. Верь или выясни причину, по которой ты не можешь верить! Приложи для этого все свои силы и проси Бога помочь тебе быть достаточно вдумчивым и последовательным в рассуждениях, чтобы прийти к честному и обоснованному решению этого вопроса – за или против! Понаблюдай, кем был Иисус, и не дает ли Его личность основания для доверия! Узнай, чем Он обладает, не достаточно ли это хороший довод в пользу надежды на Него! Посмотри, как Он умер, как воскрес из мертвых, как вознесся на Небо и вечно жив, ходатайствует за осужденных. Посмотри, не дает ли все это Ему права на твое доверие! Затем призови Его имя и почувствуй, как Он услышит тебя! Если ты хочешь познакомиться с Иисусом, то приблизься к Нему, насколько это возможно, займись изучением Его личности и доверься Его любви!

Раньше для веры в Господа Иисуса мне нужны были доказательства, теперь я так близко знаком с Ним, что мне понадобилось бы намного больше доказательств, чтобы разувериться в Нем. Сейчас мне легче доверять, чем сомневаться. Это – победа новой природы: раньше ведь было совсем иначе. Поначалу вера, как правило, слаба, но шаги доверия, один за другим, делают веру привычной. А опыт дает вере подтверждение.

Поскольку Истина, в которую я верю, сотворила во мне чудо, сомнения больше не мучают меня. Я получил новую жизнь, когда-то бывшую для меня чужой. Мое состояние напоминает мне жизнь супружеской четы, долгие годы живущей на маяке. Однажды случайный посетитель, взглянув из окошка на вершине башни на безбрежный морской простор, спросил жену смотрителя маяка: „Вам не страшно по ночам, когда шторм бушует и огромные волны достают до самого маяка? Вы не испытываете страха при мысли, что волны могут снести маяк и все, что в нем? Я не стал бы доверять этой высокой башне, одиноко стоящей посреди волн". Женщина возразила, что ей даже не приходили в голову подобные мысли. Она так долго жила на маяке, что привыкла чувствовать себя на голом каменном утесе так же уверенно, как мы чувствуем себя на твердой земле. И когда ее мужа спросили, не мучит ли его душу тревога во время урагана, он ответил: „Да, тогда я действительно сильно тревожусь – за яркость света маяка, чтобы ни одно судно не разбилось о скалы из-за плохой видимости". Что же касалось забот о надежности маяка и опасности для собственной жизни, это уже давно перестало его волновать.

Точно так же обстоит дело со зрелой верой. Она может смиренно сказать: „Я знаю, в Кого я верю, и убеждена, что Он сохранит меня до последнего дня. Поэтому не докучайте мне сомнениями и вопросами! Я несу на себе печать Истины и могущества Духа, поэтому не хочу ничего знать о ваших превратных выводах. Для меня Евангелие – истина. Я основываю всю свою жизнь на истинности Евангелия и знаю, что в этом нет никакого риска. Моя единственная забота – держать мой светильник горящим, чтобы светить другим. Если бы только Господь дал мне достаточно масла для лампы, чтобы я могла бросить луч света через темное и коварное море жизни, этого было бы для меня достаточно!"

Если твой проповедник и многие другие люди, к которым ты питаешь доверие, нашли в Евангелии покой и мир, почему в твоем случае что-то должно быть иначе? Разве ограничена сила Духа Божия? Разве Его Слово не благословляет тех, кто истинно следует ему? Разве ты не хочешь тоже испытать его спасительную силу? Евангелие истинно, потому что его автор – Господь. Верь Ему! Велик Спаситель, потому что Он – Сын Божий. Доверься Ему! Его кровь очищает всех. Ожидай спасения через нее!

Итак, я хочу настоятельно попросить моих читателей искать веру. Но если человек не хочет верить, что с ним поделать? Я могу привести лошадь к воде, но заставить ее пить уже не в моих силах. Остается фактом: неверие неопровержимо, если оно предлагает человеку доказательства и не удосуживается основательно их проверить! Кто не хочет познать и принять Истину, сам повинен в том, что строит всю свою жизнь на лжи. *„Кто будет веровать и креститься, спасен будет"*. Так же верно и другое: *„А кто не будет веровать, осужден будет"*.

Надежда на помощь

Чтобы помочь ищущим найти путь к Спасителю, я хочу напомнить о заместительной жертве Иисуса Христа. *"Ибо Христос, когда еще мы были немощны, в определенное время умер за нечестивых"* (Рим. 5,6). *"Он грехи наши Сам вознес Телом Своим на древо"* (1 Пет. 2,24). *"Господь возложил на Него грехи всех нас"* (Ис. 53,6). *"Потому что и Христос, чтобы привести нас к Богу, однажды пострадал за грехи наши, праведник за неправедных, быв умерщвлен по плоти, но ожив духом"* (1 Пет. 3,18).

На одно высказывание Священного Писания мы должны обратить особое внимание: *"Ранами Его мы исцелились"* (Ис. 53,5). Бог рассматривает здесь грех как болезнь и показывает нам средство излечения от нее, которое Он Сам приготовил человечеству.

Я прошу вас следить за моей мыслью, когда я сделаю попытку показать вам раны Иисуса Христа. Господь возымел намерение вновь излечить всех нас, и для этого Он послал Своего единородного Сына, „Бога и свидетеля о Боге", который пришел в этот мир в человеческом теле, чтобы искупить нас. Он жил как человек среди людей, и после тридцати трех лет послушания наступил момент, когда Он должен был совершить для нас величайшее служение – спасти наши души, понеся наказание, чтобы мы обрели мир. Он молился за нас в Гефсимании, и там, когда Ему была протянута горькая желчь, пот Его был подобен каплям крови. Он вошел в преторию Пилата и предстал перед троном Ирода, Он претерпел боль и насмешки за нас. После всего этого Иисуса повели на Голгофу и прибили ко кресту, чтобы Он умер, умер вместо нас.

Слово „раны" должно означать и телесные, и духовные мучения Христа. Он весь был сделан жертвой за нас. Он страдал как человек – и духовно, и физически. Своей душой и телом Он неописуемо страдал за меня и вместе со мной. Во время духовной борьбы в Гефсимании пот струился с Его тела в таких количествах, что капал на землю. Иисус еще не успел отдохнуть от борьбы, как Его, схватив, повели в преторию к правителю. Темной ночью Его пленили и повели на суд. Затем Ему пришлось предстать перед Пилатом и перед Иродом. Они издевались над ним, солдаты плевали Ему в лицо, Его били, и, наконец, Ему надели терновый венец. Бичевание – одно из ужаснейших мучений, изобретенных человеческой злобой. Римский бич был сделан из буйволовой кожи, по всей длине которой были завязаны узлы с вплетенными в них осколками костей; опускаясь на спину осужденного, он оставлял после себя глубокие борозды. Иисусу пришлось испытать на себе страшные мучения бичевания, и это еще не было *концом* Его мучений. Это была лишь подготовка к распятию. Враги били Его кулаками, вырывали с корнем волосы – Иисус не избежал ни одной формы мучений. Несмотря на слабость Иисуса вследствие поста и молитвы в Гефсимании, Его заставили нести крест на Голгофу – другой сменил Его лишь тогда, когда у мучителей возникли опасения, что жертва умрет по дороге. Его повергли на землю, раздели и пригвоздили ко кресту. Гвозди пронзили Его руки и ноги. Затем солдаты подняли крест и воткнули его в землю, так что при этом вывихнулись все Его суставы, как сказано в 22-м Псалме: *„Я пролился, как вода; все кости мои рассыпались"*. Он шел под палящим солнцем, пока не сказал, обессилев от жары: *„Сердце мое сделалось, как воск, растаяло посреди внутренности моей. Сила моя иссохла, как черепок; язык мой прилип к гортани моей, и ты свел меня к персти смертной"*. Там, на Голгофе, Он висел перед Богом и людьми.

Его тело поначалу удерживалось на весу ногами, затем, когда гвозди порвали в них все жилы и нервы, мучительная тяжесть переместилась в Его руки, разорвав и эти чувствительные члены тела. Мы знаем, какую боль может вызвать даже маленькая ранка в руке. Как же мучительны должны были быть страдания, когда гвозди разрывали ткани рук и ног Христа! В Его ломимом теле соединились все мыслимые виды страданий.

Все это время враги Иисуса стояли вокруг Него, презрительно тыкали пальцем, смеялись над Его молитвами, сыпали насмешками, радуясь Его страданиям. Он сказал: *„Жажду!"* – И Ему дали желчь с уксусом. Спустя некоторое время Он воскликнул: *„Свершилось!"* Он вынес все уготованные Ему страдания, совершив освобождение с божественной праведностью. Только после того, не раньше, дух Его покинул тело.

Описывать физические страдания нашего Господа нелегко. Я признаю, что и мне это не удалось. Но Его духовные страдания – кто может понять и оценить их, не говоря уже об их описании? *„Душа моя скорбит смертельно"* Предательство Иуды и рассеяние апостолов угнетало нашего Господа, но главной тяжестью, давившей на Него, были наши грехи. Наши грехи были прессом, выдавившим из Него жизнь. Никакой язык не способен выразить Его ужас перед наступающими страданиями. Сколь же мало мы тогда можем понять о самих страданиях Иисуса!

Будучи пригвожденным ко кресту, Иисус претерпел то, что не выпадало на долю ни одного из мучеников, умерших за веру,– ведь все они в страданиях получали от Бога такую поддержку, что могли радоваться в мучениях. Но наш Искупитель был покинут праведным Богом до последнего момента, когда Он воскликнулнул: *„Боже Мой, Боже Мой! для чего Ты Меня оставил?"* Это был самый горький возглас Иисуса, пик Его неописуемых страданий. Но это отчуждение Иисуса было необходимо, потому что праведный Бог должен был повернуться спиной к греху, а следовательно, и к Нему, сделанному грехом человечества. Иисус пережил за нас ужас того отвержения Богом, которое ожидало бы всех грешников, если бы Он не взял на Себя все грехи и не стал проклятием за наш грех, т.е. не понес наше наказание. Написано: *„Проклят всякий повешенный на дереве"*. Но кто знает, что означает это проклятие?

В заместительных страданиях Господа Иисуса Христа, и только в них, заключается средство излечения наших грехов, и моих тоже. Господь Иисус Христос пострадал ради нас. Вы спрашиваете: „Можем ли мы сделать что-нибудь, чтобы избавиться от грехов?" На это я отвечаю: „Вы вообще ничего не можете сделать. Мы избавлены ранами Иисуса. Он понес все наше наказание и не оставил ничего такого, за что нам бы еще пришлось страдать".

„А нужно ли нам верить в Него?" – Да, конечно! Если я говорю, имея в виду определенную мазь, что она может помочь, то я не отрицаю, что необходима и повязка, которую нужно, смазав лекарством, приложить к ране. Вера и есть та повязка, что накрывает рану греха, смазывая ее бальзамом усыновления нас Христом. Но лечит не повязка, находящаяся на ране, а бальзам. Точно так же и вера не лечит: это делает лишь жертва Христа.

„Но ведь мы тогда должны покаяться!" – вставляет другой. Конечно, мы должны и обязаны покаяться перед Богом, потому что покаяние – первый признак спасения, но спасаемся мы ранами Христа, а не покаянием. Если мы смотрим на эти раны, они порождают в наших душах потребность в покаянии. Мы ненавидим грех, потому что он был причиной страданий Христа.

Ты доверяешь Иисусу, пострадавшему за тебя? Тогда ты должен знать, что Бог никогда не накажет тебя за грехи, за которые уже умер Иисус. Его праведность не позволит Ему дважды требовать долг: с поручителя и с должника. Праведность не может дважды требовать оплаты одного и того же счета, и если мой Поручитель, истекая кровью, понес мой грех, я избавлен от этого долга. Принимая страдания Христа как свое личное искупление, я полностью оправдываюсь от обвинений закона Божьего. Я был проклят во Христе, поэтому для меня больше не существует проклятия. Это и есть основа веры в спасение для грешника, верующего в Иисуса. Он живет, потому что Иисус умер на его месте, умер за него, и теперь Бог может принять грешника, потому что Он принял жертву Христа. Поскольку Иисус принят Богом как заместитель моего греха, я должен ясно сознавать: никто не может обвинить меня, я чист. Хочешь и ты иметь Иисуса своим заместителем в оправдании от греха? Тогда ты тоже станешь свободным. *"Верующий в Него не судится". "Ранами Его мы исцелились".*

Серьезное препятствие

Хотя совершенно несложно поверить Тому, Кто не может лгать, и доверять Тому, о Ком мы знаем, что лишь Он один может спасти, может случиться, что какое-то препятствие преграждает человеку путь к вере. Это препятствие может быть хорошо замаскировано, но опасность от этого ничуть не уменьшается. Дверь не обязательно должна быть завалена огромным камнем, видимым отовсюду, достаточно и маленького потайного замка. Человек может иметь хорошее зрение и тем не менее не видеть препятствие, потому что оно чем-либо скрыто. Ты не смог бы увидеть даже солнца, если бы тебе плотно завязали глаза.

Какая-нибудь мелочь, скрываемая в сердце, может стать серьезным препятствием вере в Иисуса. Господь пришел, чтобы спасти нас от грехов, но если мы решили оставить в сердце грех, мы никогда не сможем быть вместе с Иисусом. Если кто-либо примет яд и потом позовет врача, чтобы спасти свою жизнь, может оказаться, что у врача найдется сильное противоядие, применить которое еще не поздно. Но если пациент настаивает на том, чтобы склянка с ядом находилась возле его рта, и будет время от времени глотать капли смертоносной жидкости, как же врач сможет его спасти? Спасение в значительной мере заключается в том, что грешник разлучается со своим грехом, и поэтому мы не можем сказать, что человек спасен, если он любит грех и продолжает жить в нем. Черное не может быть отбелено и остаться при этом черным. Так и никто не может быть спасенным, оставаясь приверженцем дел тьмы.

Пьяница спасается верой в Иисуса, т.е. он освобождается от своего порока, но если он продолжает выпивать, он не освобожден и не поверил всем сердцем в Иисуса. Лжец может через веру избавиться от потребности обманывать, но тогда он действительно перестает лгать и старается говорить правду. Очевидно, что он не может оставаться в обмане и неправде. Кто-то может ненавидеть своего ближнего и освободиться от этого чувства, веруя в Господа Иисуса Христа. Но если он будет продолжать ненавидеть, совершенно очевидно, что он не только не спасен от ненависти, но и не полностью доверяет Господу Иисусу Христу. Речь идет о том, чтобы освободиться от любви ко греху. Это – естественное следствие доверия Иисусу, если же в действительности мы вовсе не желаем такого результата, все наши разговоры о доверии Иисусу не более чем самообман.

Например, человек идет в туристическое бюро и спрашивает, как ему добраться до Америки. Его заверяют, что как раз отходит судно, направляющееся в Америку. Ему оставалось бы только подняться на борт, и он вскоре оказался бы в Нью-Йорке. „Но,– говорит он,– я хочу одновременно и оставаться в своем доме в Англии, чтобы вести свои дела во время плавания по океану". Служащий бюро считает, что стоящий перед ним человек все же в здравом рассудке, и говорит, что ему лучше пойти домой и заняться делом, чем тратить здесь время, разыгрывая дурака. Делать вид, будто вы хотите доверять Иисусу, чтобы Он спас вас от грехов, и при этом оставаться во грехе,– это означает возводить хулу на Христа.

Например, мы видим дерево, полностью обвитое плющом, сосущим из него соки и удушающим его. Можно ли спасти это дерево? Садовник считает, что можно. Он хочет наилучшего. Но садовник не успевает взяться за нож и секатор, как ему говорят, что обрезать плющ запрещено. „Тогда,– отвечает садовник,– у меня ничего не получится. Плющ удушает дерево, и если вы можете спасти только одно из двух: или плющ, или дерево. Если вы хотите, чтобы я спас дерево, надо убрать растение-паразит". Это не что иное, как рассуждения нормального человеческого разума. Вам незачем нанимать садовника, если вы хотите запретить ему вырезать то, что мешает жизни и росту деревьев. Точно так же грешник, желая оставаться в своем грехе, обрекает себя на смерть. Но если он действительно хочет освободиться от своего греха, Иисус хочет и может это сделать – при условии, что грешник полностью доверяется Ему.

Что такое любимый грех? Какой-нибудь тяжкий порок? Любовь к миру, страх перед общественным мнением или страсть к наживе? Через эти грехи ты остаешься врагом Богу, твоя жизнь неугодна Ему. Или это любовь к человеку, занимающая все твое существо? Разве какое-либо творение может заменить тебе Творца? Разве это не идолопоклонство – хоть на мгновение сравнить что-либо земное с Господом Богом?

„Но,– мог бы сказать кто-либо,– если бы я расстался со своим грехом, это нанесло бы большой ущерб моей работе. Мои планы на будущее, мои доходы – все обратится в прах!" Если это так, то уместно вспомнить слова Иисуса Христа, что лучше потерять глаз, руку или ногу, чем целиком быть ввергнутым в геенну огненную. Лучше жить с *одним* глазом, иметь худшие перспективы, чем остаться при всех своих надеждах – но без Христа. Хромой верующий лучше брызжущего здоровьем грешника! Если ты обретешь Христа, потери не будут тебя смущать. Вне сомнений, многим пришлось пережить нечто такое, что изувечило или парализовало их для этой жизни, но если через эти страдания люди унаследовали вечность, страдания были для них лишь приобретением.

Что выберешь ты: Христа и вечную жизнь или любимый грех и проклятие? Третьего не дано. Выжидать, не принимая решения, в действительности означает выбор зла. Кто раздумывает, стоит ли ему очиститься от греха, уже показывает нечистоту своего сердца. Если ты действительно хочешь выбрать правильный путь, Иисус даст тебе силы сделать это сразу, сейчас. Его благодать и милость уже изменили твои желания. Фактически твое сердце уже обновлено. Поэтому верь, что Он даст тебе силы противостоять искушениям и исполнить заповедь Господа. Господь Иисус может дать хромым силы прыгать, как лань, Он может повелеть расслабленному встать и, взяв свою постель, пойти. Он даст тебе силы расстаться со злыми привычками. Его очищающая и обновляющая благодать не имеет границ. Теперь, когда ты готов принять исцеление, самая большая трудность уже позади. Он, могущий изменять волю человека, может упорядочить и все твои способности, поставив их на службу Себе. Ты никогда не обрел бы желание расстаться со всеми грехами, если бы Иисус не вел тебя незаметно в этом направлении. Если же ты теперь доверяешь Ему, то Он, начав в тебе доброе дело, конечно же, завершит его.

Ненужные вопросы

В наши дни настоящая детская вера – редкость, обычно людям свойственно ни во что не верить и во всем сомневаться. Сомнения столь же распространены, как ежевика (растущая в Европе, как и крапива, возле каждого забора), и у всех руки и губы испачканы соком ягод. Я удивляюсь, почему люди так усердно выкапывают проблемы именно там, где идет речь о их спасении. Если бы я был осужден на смерть и получил известие о скором освобождении, мне, конечно же, не пришло бы в голову утруждать себя поиском причин, по которым я не могу быть помилован. Эту заботу я мог бы оставить своим врагам, мои же мысли текли бы в совершенно ином направлении. Если бы я тонул, я лучше ухватился бы за соломинку, тем более не оттолкнул бы спасательный круг. Предвкушать собственную кончину – это своего рода самоубийство словами, и только умалишенный мог бы придумать такое. Собирать доказательства против своей единственной надежды – это же означает пилить сук, на котором сидишь! Кто, кроме идиота, может пойти на такое? И все же многие люди кажутся правозащитниками собственной гибели. Они перерывают всю Библию в поисках угрожающих им цитат, а, завершив этот труд, обращаются к голосу разума, философии, неверию, с треском захлопывая дверь спасения перед собственным носом. Воистину, унизительное занятие для разумного человека!

Многие, не могущие совсем избавиться от религиозных мыслей, пытаются сегодня защититься от неудобоваримых доказательств разума, ставя под сомпение великие истины Откровения. Совершенно естественно, что Библия содержит великие тайны: как может бесконечный и вечный Бог говорить так, чтобы человек, прах земной, понял все Его мысли? Но вершина безумия – пытаться обосновать и доказать эти великие дела, оставляя при этом спасительную истину в стороне. Это напоминает историю о двух философах, дискутировавших во время еды на постоялом дворе о качестве пищи и в конце концов вставших из-за стола голодными, в то время как простой крестьянин, вооружившись вилкой и ножом, усердно налег на пищу и ушел очень довольным. Тысячи людей радуются вере, потому что они приняли Евангелие просто, как маленькие дети, в то время как другие, постоянно видящие или изобретающие или видящие препятствия, так и не могут обрести радостную уверенность в спасении. Я знаю многих честных людей, которые, кажется, твердо решили не приходить ко Христу раньше, чем смогут понять, как учение о свободном выборе пути согласуется с Евангелием, приглашающим спастись всех и каждого. Я с таким же успехом могу решить не есть хлеба до тех пор, пока не пойму, почему Бог, с одной стороны, поддерживает во мне жизнь, а с другой – делает эту жизнь зависимой от питания. Дело же действительно обстоит так, что знаний Библии у большинства из нас хватает, и то, в чем мы, бесспорно, нуждаемся, – не озарение разума, а истина в сердце, не помощь в преодолении преград, а благодать Божья, чтобы нам оставить грех и искать Его усыновления.

Здесь я считаю себя обязанным предостеречь от огульной критики Слова Божия. Никакая привычка не может быть губительнее. Безумное намерение –

пытаться поправить Творца. Кто при чтении Библии пытается вбивать клинья между ее частями, быстро потеряет веру. Чувство уважения к Библии полезно, но высокомерное намерение критиковать вдохновленное Богом Слово разрушает все истинные чувства по отношению к Богу.

Если человек, прочитавший Библию с высокомерно-критическим настроем, через определенное время вдруг чувствует, что все-таки нуждается в Спасителе, легко может произойти, что его разум станет помехой на пути к вере и утешению, напоминая, как бесчестно он когда-то поступил со Словом Божьим. Ему становится тяжело получать утешение через чтение определенных мест Библии, которые он при первом прочтении презрительно окинул взглядом, не находя в них ничего достойного. Во время бедствия колодцы, когда-то заброшенные им камнями, уже не дадут живительной влаги. Поэтому, когда ты равнодушно перешагиваешь через важные библейские истины – смотри, как бы тебе не потерять единственного друга, могущего помочь тебе в часы страха и отчаяния!

Один аристократ имел такую привычку: каждое утро слуга читал ему вслух одну главу Библии. Если в прочитанном что-то не соответствовало его представлениям, он строго говорил слуге: „Зачеркни, Вилли, мне такое не угодно слышать". Однажды Вилли никак не мог начать чтение. Раздраженный долгим ожиданием аристократ воскликнул: „Вилли, почему ты не читаешь?" На это прозвучал ответ: „Господин, кажется, тут ничего не осталось, все поперечеркнуто". В один день этому аристократу не нравилось одно, в другой – другое, и он столько раз повелевал своему слуге браться за перо, что тот уже ничего не мог прочитать для наставления или утешения своего господина. Не будем же уничтожать пером острой критики наши собственные блага! Быть может, обетование, кажу-

щееся нам сегодня никчемным, завтра станет нашим утешением, и те места Писания, что известны каждому верующему чуть ли не наизусть, смогут вновь сыграть важную роль в нашей жизни. Поэтому будем хранить это неоценимое сокровище – Библию, не прибавляя и не убавляя в ней ни одной строки.
Что нам до каверзных вопросов, если в опасности наша жизнь? Путь удаления от греха показан нам достаточно четко, настолько четко, что и глупец не пройдет мимо ворот спасения. Бог не осчастливил нас хитроумным спасением, понять которое мы не можем. Верь и живи! Это заповедь, которую может понять и исполнить даже ребенок.

Вместо изощрения в бесплодной критике Писания человек, водимый Духом Божьим, прильнет к Иисусу. Именно тогда начинается вечная жизнь; он освобождается от страха и видит совершенную любовь, изгоняющую всякий страх.

Один мясник из Нью-Джерси получил со своей родины, из Германии, письмо с извещением, что после смерти одного из родственников ему досталась в наследство значительная сумма денег. Он как раз готовился зарезать свинью. Прочитав письмо, он скинул свой грязный фартук и, так и не окончив работы, побежал из бойни домой, чтобы поскорее собрать свои вещи и отправиться в Германию. Можно ли осуждать его за это? Должен ли он был остаться на своей черной работе?

Это пример действия веры! Мясник поверил тому, что было написано в письме, и тотчас предпринял соответствующие действия. Он был разумным человеком.

Бог послал человечеству Свою Весть, Евангелие спасения. Если человек верит в истинность этой вести, он радуется завещанным ему благословениям и торопится вступить в наследство ими. Если он действительно верит, он без раздумий примет Иисуса вместе со всем тем, что Бог через Христа дарит людям. Он обратится от своего, вне сомнений, злого пути и вступит на путь, ведущий к небесному отечеству, где он сможет насладиться всеми благами вечной жизни. Он не может спастись слишком рано или преждевременно покинуть грешный путь. Если бы кто-нибудь действительно увидел, что такое грех, он обходил бы его стороной, как ядовитую змею, и радовался бы, когда Иисус освободил его.

Без веры нет спасения

Многим кажутся слишком резкими слова, что все, не верующие в Иисуса Христа, осуждены на погибель, но им было бы достаточно хоть на мгновение задуматься над этими словами, чтобы понять их разумность и справедливость.

Я признаю, что не существует другого средства поддержания физических сил человека, кроме принятия пищи. Предположим, ты заявил: „Я не хочу все время есть, я презираю такой материализм". Но ты мог бы поехать на остров Мадагаскар или объездить сколько угодно стран мира (при условии, что на это хватит твоей жизни) – везде бы ты имел возможность убедиться, что ни климат, ни жизнь на свободе недостаточны, чтобы поддержать жизнь в теле, если ты отказываешься от приема пищи. Разве тебе взбрело бы на ум жаловаться: „Как тяжело умирать – и все только потому, что я не хочу есть!?" Нет ничего неправильного в том, что тебе положено умереть, если ты упорствуешь в своем глупом отказе от еды. Точно так же обстоит дело и с верой. *Веруй в Господа Иисуса Христа, и спасешься!"* Если ты отказываешься верить, совершенно справедливо, что ты разделишь участь уже осужденных.

Представьте себе: жаждущий путник стоит перед родником. „Нет,– говорит он,– я не хочу брать в рот ни одной капли этой прозрачной жидкости, даже если мне придется из-за этого умереть. Разве я не могу утолить свою жажду каким-либо другим способом?" Мы говорим ему: „Нет. Ты должен пить, или умрешь". Он отвечает: „Я никогда и ни за что не хочу пить, но как страшно умирать! Какую тяжелую участь вы мне предсказываете!" Он неправ. Его жажда – прямое следствие игнорирования закона природы.

И ты должен поверить или умереть; почему же ты отказываешься поверить заповеди? Пей, путник, пей! Прими Иисуса и живи! Это путь спасения. Чтобы ступить на него, тебе надо довериться Иисусу. Но нет ничего неправедного в том факте, что ты погибнешь, если не захочешь доверять Спасителю.

И еще: человек плывет на судне в открытом море. У него есть морская карта, и по этой карте и компасу он может найти путь, ведущий к цели его путешествия. Полярная звезда сияет сквозь разрывы туч, она тоже может помочь страннику. Но он вдруг заявляет: „Нет, я не желаю считать на небе звезды. Магнитный полюс – тоже глупая выдумка. Я не буду смотреть на эту прыгающую стрелку в ящике возле штурвала: чем эта игла лучше всех остальных? Я не верю в ваши морские карты и не хочу иметь с ними дела. Вся эта навигация – вздор, придуманный хитрецами, чтобы драть деньги с моряков. Я не позволю себя надуть!" Если теперь этот горе-плаватель не достигает родной гавани, он восклицает: „Как тяжела моя участь!" Я же придерживаюсь другого мнения.

Многие из вас говорят: „Я не хочу читать Библию, не желаю слышать ваши речи об Иисусе Христе! Я не верю в этот вздор!" Тогда отвечает Иисус: *„Кто не будет веровать, осужден будет"*. „Это жестоко",– отвечаешь ты. Но это не так. Это не тяжелее того разочарования, которое постигнет тебя, если ты не достигнешь гавани, отказавшись от помощи компаса и Полярной звезды. В такой ситуации никто не придет на помощь, такова жизнь.

Может быть, ты живешь на том берегу реки и должен, чтобы попасть домой, переходить через мост. Ты же настолько глуп, что не веришь ни в необходимость лодки для переправы, ни в наличие самой воды. Ты говоришь: „Я не хочу пользоваться ни одним из ваших мостов, я не хочу садиться в вашу лодку. Я не верю, что мой дом стоит за рекой. Ты собираешься домой и вскоре приходишь к мосту, но не желаешь перейти реку по нему. Внизу стоит лодка, но ты зарекся не использовать этот транспорт. Вот река, она течет перед тобой; ты не хочешь воспользоваться ни одним из методов переправы и тем не менее полагаешь, что твоя участь – никогда не попасть домой – слишком тяжела. Что-то должно было нарушить твои мыслительные способности, потому что, будучи в здравом уме, ты считал бы свою участь нормальным следствием своих поступков. Если человек не желает делать то, что необходимо ему для достижения поставленной цели, как он может надеяться достигнуть этой цели?

Ты принял яд; врач приносит тебе противоядие и говорит: „Сейчас же прими его, иначе ты умрешь. Если ты сейчас же примешь лекарство, я гарантирую, что ты выздоровеешь". Но ты говоришь: „Доктор, я не верю в противоядия. Чему быть, тому не миновать, я не хочу иметь дело с лекарствами. Кроме того, я не верю, что существует средство против того яда, который я принял, да, в принципе, и все равно, существует оно или нет". Ну что же, ты умрешь, и при осмотре твоего трупа анатом скажет тебе эпитафию: „Он получил то, чего ожидал".

Точно так же произойдет, если ты, услышав о Евангелии Господа Иисуса Христа, скажешь: „Я слишком образованный человек, чтобы заняться этой старомодной идеей о заместительной жертве за грех. Я не буду обращать внимания на речи этих проповедников жертвы и пролития крови". Если ты теперь погибнешь, твое сознание в последние мгновения жизни вынесет тебе приговор: „Самоубийца. Добровольно погубил собственную душу". Так же говорит и Библия: „О, человек! сказано тебе, что – добро".

Слово к уверовавшим

Если ты уже начал доверять Иисусу, доверяй же Ему всегда и во всем! Позволь твоей вере пронизать все сферы твоей жизни! Доверяй Господу не только в духовных вопросах, доверяй Ему всегда, во времени и вечности, в вопросах души и тела! Господь хочет и может нести все наши тяготы, которые мы с верой приносим к Его ногам. Его мудрости под силу нести и тяжелейшее бремя, для Него нет ничего сокровенного. Доверяй Богу полностью! Опирайся на Него, да, переложи на Него, на великого Бога Авраама и Иакова, все то, что угнетает тебя!

Ты можешь предоставить вопросы своего будущего Господу, вечно живущему и неизменному. Твое прошлое находится сейчас в руках Иисуса, которые никогда не предадут тебя, как бы тяжелы твои грехи ни были, потому что Господь бросил все твои преступления в пучину забвения. Ты уже сейчас можешь и должен воспользоваться всеми преимуществами, проистекающими из знания этого факта. Ты спасен. Если ты веруешь в Господа Иисуса, ты пробился из смерти в жизнь, ты спасен!

Однажды, в годы рабства в Америке, одна дама привела свою чернокожую рабыню на борт английского судна и, радостно улыбаясь, сказала капитану: „Я думаю, что, когда мы приплывем в Англию, моя служанка наконец-то станет свободной". – „Милостивая госпожа,– промолвил в ответ капитан,– она уже свободна". В тот момент, когда эта рабыня-негритянка ступила на борт английского судна, она перестала быть рабыней. Когда служанка услышала об этом, она больше не покидала корабля – это и понятно. Но не надежда на освобождение придавала ей уверенность, а сам факт освобождения.

Поэтому вы должны не просто надеяться на вечную жизнь, а знать, что *„верующий в Сына имеет жизнь вечную"*. Примите ее как факт, открытый вам священным Словом Божьим, и радуйтесь ей! Не ломайте себе голову и не сомневайтесь – верьте и прыгайте от радости!

Я искренне желаю, чтобы мой читатель, если он верит в Иисуса Христа, верил и в вечную жизнь. Не довольствуйся мыслью о том, что ты можешь получить новое рождение, за которым тем не менее может последовать смерть, вечную жизнь, которой вдруг может наступить конец, и прощение грехов, которое может быть вновь взято назад! Иисус Христос дает своим последователям вечную жизнь, поэтому ищи ее неустанно, пока не найдешь! Если же все подаренное тебе – вечно, как же оно может вдруг прекратиться? Есть живое, вечное семя, которое живет, не изменяясь. Не дай насытить себя временными изменениями, разновидностью благодати, которая расцветает, чтобы потом увять! Мне не поручено проповедовать тебе освобождение на сколько-то дней или лет; доверенное мне Евангелие гласит: *„Кто будет веровать и креститься, спасен будет"*. Он будет спасен от греха, от возврата ко греху, от перехода на „широкий путь". Да наставит тебя Дух Святой, чтобы тебе не верить во что-либо меньшее!

„Ты что, думаешь,– говорит один,– я должен верить, что, однажды доверившись Христу, я спасен, независимо от того, какие грехи потом совершу?" Этого я не говорил. Я описал истинное спасение как настолько глубокое преобразование человеческого сердца, что вследствие этого изменяются все твои вкусы и желания, и я говорю тебе, что, если такое преобразование совершается через Святого Духа, оно длительно, потому что работа Господня – не дешевый товар, скоро приходящий в негодность. Доверься Господу и знай, что Он может всегда охранять тебя, как бы длинен не был твой путь и сколько бы искушений тебе на нем не встретилось, и что *„будет тебе по вере твоей“*. Веруй в Господа Иисуса, чтобы иметь *вечную* жизнь! Доверься Иисусу во всех страданиях нашей действительности! В мире ты будешь иметь скорбь, пойми через веру, что все, что тебе встречается, служит тебе ко благу, и подчинись воле Господа! Посмотри на остригаемую овцу! Если она лежит совсем спокойно, ножницы не поранят ее, если же овца брыкается, может оказаться, что ножницы прорежут ее шкуру. Подчинись действиям Господа, и страдание потеряет свое жало! Собственная воля и недовольство вызывают в сотни раз больше мучений, чем страдания, налагаемые на нас Господом. Воля Божья мудрее твоей. Если ты поймешь это, ты не только сможешь полностью смирить себя, но и даже радоваться испытаниям!

Доверяй Господу Иисусу во всем, что касается твоего *спасения*! Многие, кажется, думают, что Господь Иисус не может очистить их полностью, т.е. тело, душу и дух. Поэтому они сознательно оставляют в себе место греху, полагая, что от этого на Земле нет избавления и что они, пока живы, вынуждены платить дьяволу такую своеобразную контрибуцию. Не продавай себя в рабство какому-либо греху, борись за свободу! Будь это вспыльчивость, неверие, малодушие или какая-либо другая форма греха,– благодаря милости Божьей, мы в состоянии освободиться от нее. Нет ничего невозможного для того, кто верит в Иисуса, и нет греха, освободиться от которого было бы не под силу верующему. Действительно, ведь написано: *„Грех не должен над вами господствовать, ибо вы не под* *законом, но под благодатию"*. Верь, что ты можешь испытать множество радостей в Господе и стать подобным Иисусу, и спеши обладать этими драгоценностями: тебе дано будет по вере твоей! *"Все возможно верующему"*. Самый закоренелый грешник может быть так чудесно исцелен, что не будет уступать в славе величайшим из святых.

Прими уже в свою земную жизнь радость Неба! Для этого, как кажется, нужна великая вера, и все же не большая, чем мы можем иметь. Скоро, очень скоро всякий, верующий в Иисуса, должен быть там, где царит его Спаситель. Его чело будет украшено венцом, глаза его увидят Царя во всей Его славе, уши его услышат голос Господа, его душа будет радоваться в изумительных небесных чертогах, его бедное тело воскреснет из мертвых и достигнет совершенства. Слава, слава, чудная радость! И это так близко, так неотвратимо! Давайте же уже сейчас сольемся в едином хоре прославления Господа, уже сейчас вкушая небесное блаженство!

Но, может быть, кто-то вставит возражение: „Мы ведь еще не там!" Правильно, но вера наполняет нас радостью при мысли о будущем, и Сам Господь укрепляет нас в пути. Я так желаю, чтобы ты поверил в одного лишь Господа! Я хочу видеть тебя обеими ногами твердо стоящим на скале, которая есть Иисус Христос, не на зыбком песке сомнений. Доверяй в этой временной жизни Богу, Творцу всего сущего, и только Ему! Божья рука достаточно крепка, чтобы ты мог безбоязненно держаться за нее.

Я хотел поделиться с вами опытом одного старого труженика, с которым я был знаком. Он боялся Бога больше, чем многие другие, и был действительно водим Духом Божьим. Это был человек, умевший просто верить Богу еще лучше, чем выполнять свою работу – поддерживать в приличном виде изгороди и могилы. Он однажды следующим образом описал веру: „Была ужасно холодная зима, а у меня не было работы – и, значит, ни куска хлеба в доме. Дети голодали. Снег был глубок, смеркалось, дорогу не различить. Хозяин сказал мне, что я могу при нужде взять у него немного дров. Я подумал, что бедным детям будет хорошо прогреться у огня, взял свой топор и пошел за дровами. Я стоял возле могилы, почти засыпанной снегом. И когда я взмахнул топором, чтобы срубить деревцо, удар пришелся косо и топор улетел в глубокий снег, где я не мог даже надеяться найти его. Когда я стоял в растерянности, без еды, без огня, потеряв топор, мне показалось, что раздался голос, спрашивающий: „Вилли Ричардсон, ты можешь сейчас доверять Богу?" На это я с уверенность мог ответить: „О да, это я могу".

Это истинная вера, вера, уповающая на Бога, даже если потерян топор, надежда на искорку тепла в доме, если все вокруг обманывает тебя, вера, делающая счастливым наедине с Богом и тогда, когда все друзья повернулись к нам спиной.

Дорогой читатель, как я желаю, чтобы и мы, ты и я, имели такую веру! Верность Господа заслуживает ее, Его любовь обязывает нас, Его праведность побуждает нас иметь такую веру. Счастлив тот, кто эту веру имеет. Он – человек, которого любит Господь, и мир должен знать об этом.

Самая лучшая вера – это, в сущности, повседневная вера: как хлеб и вода, платье и обувь, дети и домашний скот, квартплата и погода присутствует она во всех моментах твоей жизни. Изящная, привлекательная, как рождественская конфета, религия, предназначенная только для воскресений, праздничных собраний и библейских часов, никогда не приведет человека на Небо, разве что допустить, что вся его жизнь – нескончаемая библейская конференция, или что все дни его недели – воскресные. Вера лучше всего растет тогда, когда она вынуждена многие годы, месяц за месяцем, искать утешения лишь в Господе во всех проблемах: больном супруге, страдающей дочери, необращенном ребенке и многих других подобных делах.

Вера помогает нам „пользоваться этим миром, не злоупотребляя им". Она нужна при тяжелой работе и исполнении каждодневных обязанностей, на кухне и на заводе, каждый день, весь год. Упование на живого Бога – вот сокровище, отчеканенное из чистого золота ободрения. Терпеливое упование и стремление творить добро – вот нивы, на которых вера сеет не только цветы, но и зерно для будущего урожая. Трудиться без устали, поддерживать семью, имея лишь скромный доход, терпеливо нести постоянные страдания – вот героические поступки, через которые Бог прославляется в каждом члене Своей великой Церкви.

Не будем искать путей возвеличения своего „я", будем же лучше ревностно стремиться к освящению и спасению! При этом мы надеемся на помощь нашего Господа Бога, детьми Которого мы является и Которому служим. Будем просить Его об освящении день за днем! Доверим Богу наш повседневный труд так же просто, как и вопросы спасения души! Будем доверять Ему во всем, что касается наших духовных преимуществ и надежды на жизнь на небесах! Господь – Бог нашего дома, Иисус стал нашим другом, назвав нас Своими братьями, и Дух Святой – наш Утешитель во все часы страданий. Мы имеем не недоступного Бога: Он слышит, Он сочувствует, Он помогает. И мы хотим доверять Ему во всякое время без сомнений и раздумий!

Если мы до сих пор в страхе стояли посреди бескрайнего мира неверия, Дух Святой должен помочь нам сделать великий, решающий шаг навстречу Богу, чтобы нам однажды навсегда сказать: *„Верую, Господи; помоги моему маловерию!"*